I0185724

www.ingramcontent.com/pod-product-compliance
Lightning Source LLC
Chambersburg PA
CBHW020958090426
42736CB00010B/1376
9781997503002

انتشارات آسمانا

یوسف، یوزف، جوزپه

نمایش‌نامه

علی فومنی

نشر آسمانا، تورنتو، کانادا

۲۰۲۵/۱۴۰۴

یوسف، یوزف، جوزپه
نویسنده: علی فومنی
ناشر: آسمانا، تورنتو، کانادا
طرح جلد: محمد قائمی
صفحه‌آرا: آتلیه طراحی آسمانا
نوبت چاپ: اول، ۲۰۲۵/۱۴۰۴
شماره آی‌اس‌بی‌ان: ۹۷۸۱۹۹۷۵۰۳۰۰۲

حق چاپ برای ناشر محفوظ است.

یوسف، یوزف، جوزپه

نمایش‌نامه

علی فومنی

یوسف، یوزف، جوزپه در بوق‌وکرنای اصلاحات، بر آوارِ کوی دانشگاه به دنیا آمد و بی‌درنگ انکار شد تا در عمارت عبای شکلاتی **پرونده‌اش بسته شود.**

در خشمِ خس و خاشاک، به همتِ جان‌هایی شیفته، جان گرفت؛ اجراش اما در تالار مولوی توقیف شد تا در کابوس کاپشن بهاری **پرونده‌اش بسته شود.**

در تب تدبیر و امید، به سعیِ جمع جان‌سخت دیگری برخاست؛ اما به ظنِ مضمون خطرناک، درِ تئاتر شهر به رویش بسته شد تا در لوای لباده‌ی بنفش **پرونده‌اش بسته شود.**

با این‌همه، **یوسف، یوزف، جوزپه** را کسانی، کم یا زیاد، کج یا راست، بر صحنه‌هایی پیدا و ناپیدا نشاندند تا امروزِ دور از خانه بر خوانِ کاغذ بنشیند، تا باز پریدن بتواند،... **پرونده چنین باز بمانَد...**

شخصیت‌ها:

یوسف

اشرف

افراشته

جعفر

میهن

صداها: پدر میهن، حافظ و رادیو

۱

بیچاره زن

تهران، پاییز ۱۳۷۶

۱

کوچه. غروب.
خانه‌ای قدیمی با یک تراس بزرگ و خانه‌ای کوچک‌تر در همسایگی‌اش.
کمی دورتر، گاری رفتگری به تیر چراغ برق بسته شده است.
میز و صندلی کوچکی روی تراس دیده می‌شود.
خش‌خشِ رادیوی بی‌سیم کوچکی بر میز و زوزه‌ی باد که برگ‌های ریخته را در کوچه حرکت می‌دهد با صدای بگومگویی از خانه‌ی همسایه همراه می‌شود.
یوسف روی تراس ایستاده و گلدان شمعدانی‌اش را بغل کرده است. رادیو مارش پخش می‌کند و یوسف گلدان را پایین گذاشته، رادیو را به گوش می‌چسبانَد.

یوسف — حافظ، حافظ، میهن!... حافظ، حافظ، میهن!... این‌جا سرده حافظ، پیک اول رو سلامتی فرشته‌ها می‌رم بالا، تمام!

بگومگوی دختر همسایه و پدرش بالا می‌گیرد.

میهن — می‌رم که می‌رم، اصلن هر شب می‌رم، حرفی داری؟!

پدر میهن — کجا؟... آخه کجا بی‌پدر؟

میهن — چی شده؟ نگرانمی مثلاً؟!... از وقتی شنیدی چندتا از دخترای محل بال زدن رفتن دستپاچه شدی!... نترس، توی این خراب‌شده تنها امامزاده‌ای که هنوز به‌ش دخیل می‌بندن من‌ام. اگه رفتنی بودم که

تابه‌حال بوی الرحمانِ هزاربار محله رو برداشته بود!

پدرِ میهن آره، امامزاده‌ای ارواح بابات... کور می‌کنی شفا نمی‌دی!

صدای مهیب گذشتن یک هواپیما... یوسف سرش را می‌دزدد.

یوسف حافظ، حافظ، میهن!... حافظ این امامزاده شفا نمی‌ده، بقعه بفرست، حرم بفرست!

میهن بگو باباجون، بگو، غریبی نکن!... اوضاع کیشمیشی شده؟ خماری؟

پدرِ مهین تُف توی اون روی بی‌حیات!... عاقِت می‌کنم، به خداوندی خدا عاقِت می‌کنم!

میهن گُلی به گوشه‌ی جمالش خدا که زد و زمین‌گیرت کرد، اگه نه که... [با شیطنت] حالا راست‌راستی عاقَم می‌کنی؟... بگو جون بابا!

پدر میهن برو بی‌حیا،... هر گوری می‌خوای بری برو. فقط دیگه اسم من رو نیار، بذار فکر کنم همدیگه‌رو نمی‌شناسیم، بابا بی‌بابا!

میهن نه بابا!... مگه می‌شناختیم؟!... واسه من چیزی که فراوونه: «بابا». اون‌وقتا که گم‌وگور شده بودی اونی که مثل کرم می‌لولید چی بود؟... «بابا». یکی خروس‌قندی داد دستم شد «بابا»، یکی چاقاله‌بادوم. یه شب آب‌نبات دادن شدن «بابا»، یه شب ماچ. اون خدابیامرز هم نه گذاشت نه ورداشت، هی هُل‌مون داد ور دل این بابا و اون بابا. تا این که رو به قبله خوابوندنش و تازه شستش

خبردار شد که ای بابا، مگه می‌شه یه بچه و این‌همه بابا؟!... آره باباجون، اون روز وقتی بعد از چند سال اومدی بالاسر جنازه‌ی مامان که جزء سی رو ختم کنی فاتحه‌ی میّت و خیرات، من اسم صدتا بابا رو ختم کرده بودم و فاتحه مَعَ الصّلَوات!... [بغضش را فرومی‌خورَد،... با پوزخند]. بابای ما رو!... تازه می‌گه بابا بی‌بابا!

یوسف [هراسان] حافظ، حافظ، میهن!...حافظ بگو بچه‌ها برگردن خونه، خونه بچه می‌خواد، بچه بابا می‌خواد، بابا... [مرثیه‌وار] حبیبش رو می‌خواد/ حبیبش اگه خوابه، طبیبش رو می‌خواد/ خواب است و بیدارش کنید/ خر می‌شود بارش کنید/ گویید فلونی اومده/ اون یار جونی اومده/ اومده... [یادش نمی‌آید.] اومده...

صدای حافظ اومده؟!...اومده چه‌کار؟... [با خشم، به یوسف] اومدی چه‌کار؟ تنگه رو ول کردی به امون خدا، قام‌قام با یه تانک قراضه برگشتی عقب که چی؟ غنیمت آوردی مثلاً؟!...

یوسف [با دل‌خوری] یه‌تنه آوردمش قربان!... [با بغض] زخم دارم، خسته‌م!

میهن با دو بال سفید بزرگ برشانه‌اش از خانه بیرون می‌آید و در را محکم پشت سرش می‌بندد. شتابان قدم برمی‌دارد اما کمی جلوتر، درست زیر تراسی که یوسف بر آن ایستاده است، زمین می‌خورد و بغضش می‌ترکد. بلند می‌شود و خاک لباسش را می‌تکاند که برود.

یوسف میهن... خانوم!

میهن یکّه می‌خورد، سر برمی‌گرداند و یوسف را روی تراس می‌بیند.

یوسف، یوزف، جوزپه

یوسف   بال‌تون... افتاد،... اون‌جا!

میهن یکی از بال‌هایش را که روی زمین افتاده برمی‌دارد و می‌رود.
یوسف نفس عمیقی می‌کشد، روی صندلی می‌نشیند و گلدان شمعدانی را بغل می‌کند.

۲

بیچاره مرد

۲

کوچه. شب.
چراغ تراس روشن می‌شود.
یوسف روی صندلی خوابش برده است. اشرف با یک پالتو و کاسه‌ای سوپ به تراس می‌آید. یوسف از خواب می‌پرد. اشرف پالتو را روی دوش یوسف می‌اندازد و یک قاشق سوپ نزدیک دهان او می‌برد.

اشرف	توی هوای سرد می‌چسبه.
	یوسف نمی‌خورد.
اشرف	پشیمون می‌شی‌ها!
	یوسف رو برمی‌گرداند.
اشرف	چرا این‌طوری می‌کنی داداش؟ دو روزه لب به غذا نزدی!
یوسف	می‌خواین بَرَم گردونین؟
اشرف	کجا؟
	یوسف می‌لرزد.
اشرف	تو رو خدا دست بردار داداش.
یوسف	من بچه نیستم اشی،... اون می‌خواد بَرَم گردونه.
اشرف	کی؟
یوسف	شوهرت. به‌شون تلفن زد. خودم شنیدم. اونا می‌آن. فردا، فردا صبح. می‌برنم، مگه نه؟!
اشرف	معلومه که نه!... خیالاتی شدی. بس که می‌آی روی این تراس لعنتی با خودت حرف می‌زنی. افراشته

یوسف، یوزف، جوزپه

جونش واسه تو درمی‌ره. اون روز رو که اومدیم آسایشگاه دنبالت یادته؟ یادته چند بار بوسیدت؟ زارزار اشک شوق می‌ریخت که بالاخره تونسته بود پیدات کنه.

اشرف قاشق سوپ را به دهان یوسف نزدیک می‌کند.

یوسف نمی‌خوام برم اونجا اشی. آدم سرش گیج می‌ره. پنجره‌هاش زنگ زدهن، وانمی‌شن... آدم سرش گیج می‌ره.

اشرف دهنت رو واکن داداش. کجا بری؟ تو روشنیِ این خونه‌ای... واکن!

یوسف در حالی‌که با تردید به چشمان اشرف زل زده، دهانش را باز می‌کند و سوپ را می‌خورد.

۳

بیچاره پنجره

۳

خانه. همان شب.

اشرف — عجب!... من هم که خوابم، گوشام هم درازه لابد!

افراشته — [کلافه] لعنت برشیطون!... بچه نشو اشرف، بفهم. اون مریضه. روزی یه مشت قرص می‌خوره. از صبح تا شب روی اون تراس لعنتی با اجنّه حرف می‌زنه، همه‌شون رو هم به اسم می‌شناسه: جابر، جاحظ، حافظ، اکبر، اصغر، جعفر... مدام توی توهمه. از دَه‌تا اسمی که می‌گه نُه‌تا رو فقط توی خواب دیده.

اشرف — یعنی تو رو هم خواب دیده که گوشی تلفن رو برمی‌داری، شماره‌ی اون آسایشگاه کوفتی رو می‌گیری و باهاشون قرار می‌ذاری فردا صبح، یعنی درست وقتی که من نوبت دکتر دارم، بیان ببرنش!

افراشته — چی داری می‌گی؟ چه قراری؟

اشرف — که فردا صبح از آسایشگاه یه آمبولانس بفرستن این‌جا و داداش بیچاره‌م رو دست و پا بسته ببرن، اون‌وقت جنابعالی هم یه دست تسلا به سر این خواهر عزیزگم‌کرده بکشی که: «یوسف گم‌گشته بازآید به کنعان غم مخور!»

افراشته — [عصبی] بابا یکی به داد من برسه!... تو هم مثل اون توهم زدی؟!

اشرف — چه خوب فهمیدی!... می‌گم از آی‌وی‌اف که حاجت نگرفتم، توی دست‌وبالت روانپزشک آشنا

نداری بفرستی‌مون پیشش لااقل یه کاری برای این توهم خونوادگی‌مون بکنن؟

افراشته [نرم و دل‌جویانه] اشرف جان به‌والله تخمِ چشم ماست این داداش شما، این کتاب زرکوب رو هی نزن توی سرم، بیا یه‌بار هم که شده بشین دوره‌ش کنیم با هم: حجله‌ی ناکامی چیدین، واسه‌ش ختم گرفتین، گفتم نکنین، نگین، کراهت داره. بابا دارن می‌گن «مفقودالأثر»، خودش نیست، خداش که هست، خدا قهرش می‌آد، که اومد... آره اومد. خبر اومدنش رو کی آورد؟ من. گفتم توی یه آسایشگاه روانی دیدنش. گشتیم، پیداش کردیم، آوردیمش خونه، حالش بدتر شد. توی خونه تشنج می‌کرد، می‌رفت بیرون، گم می‌شد. توی این مدت چندبار گشتم دنبالش؟ چندبار بَرِش گردوندم خونه اشی؟ آخه من چطور می‌تونم گوشی رو بردارم که لطفاً بیاین یه بار دیگه این بابا رو گم‌وگورش کنین! یعنی به ریش من نمی‌خندن؟... [عصبی، بلند] نمی‌خندن بهم؟!

اشرف [آهسته، با خودخوری] داد نزن، می‌شنوه.

افراشته [بلندتر] مگه بی‌راه می‌گم؟

اشرف باز که داری الم‌شنگه راه می‌ندازی، اگه می‌خوای معرکه بگیری، صدای من بلندتره.

افراشته خب بگو. بفرما. مگه جلوی دهنت رو گرفتن؟

اشرف اگه یه دستِ مَگو جلوی دهنم نبود که حال و روزم این نمی‌شد. گوش شیطون کر مثلاً زن یه شهردارم و این‌طور آلاخون‌والاخون،... خدا شانس بده!

افراشته	لعنت به من!... روزی که بهت گفتم باید یه مدت بیایم این پایین‌پایینا تا آبا از آسیاب بیفته، کی بود گفت از این ستون به اون ستون فَرَجِه؟ تو نبودی گفتی خونه‌ای که صدای بچه توش نباشه، چه سی‌صد متر، چه سی متر؟...

اشرف	من غلط کردم، شکر خوردم. بگم غلط کردم دست از سرم برمی‌داری؟

افراشته	به همین سادگی؟... بهت گفتم این کار بیخ داره. فلانی و بهمانی رو کله‌پا کردن. زخمی‌ان. باخته‌ن دارن میزنن زیر میز بازی. پرونده‌ی شهردارا هم شده برگ برنده‌شون.

اشرف	چرا مثل اونای دیگه استعفا ندادی؟

افراشته	چرا باید استعفا می‌دادم؟ مگه ریگی به کفشم بوده؟

اشرف	یعنی اون‌همه شهردار که دسته‌جمعی استعفا دادن ریگی به کفش‌شون بوده؟

افراشته	استعفای دسته‌جمعی، ایده‌ی احمقانه‌ای بود. استعفا توی این شرایط خودش یه‌جور اقراره، یه‌جور خودکشی سیاسی. مگه بی‌عقلم خودم رو با دست خودم خونه‌نشین کنم؟

اشرف	معلومه که نیستی؛ من بی‌عقلم که قید کاروبارم رو زدم و خودم رو خونه‌نشین کردم.

افراشته	عاقلانه‌ترین تصمیمی که می‌شد بگیری همین بود. اصلاً چی بود اون روزنامه‌ی پیشونی‌سفید، دو فردای دیگه می‌شد آشِ نخورده و دهنِ سوخته!... این جماعتِ چماق‌دار کینه‌شون از مطبوعات کمتر

از شهرداری نیست. تحلیل‌شون اینه که انتخابات رو به پول شهرداری و قلم مطبوعات باختهن. بهت قول می‌دم بعد از کله‌پا کردن شهردارا، نوبت گِل گرفتنِ درِ روزنامه‌هاست.

اشرف — نمی‌خواد حرفای خودم رو به خودم تحویل بدی. من اگه کنار کشیدم به‌خاطر یوسف بود. نمی‌تونستم هرروز بسپرمش به پرستار و برم دفتر. اگه‌نه عمراً تحریریه‌ای رو که اون‌قدر براش جنگیده بودم ول نمی‌کردم بیام بشینم ور دل تو، اونم توی این قوطی‌کبریت، بیخ گوش فرودگاه!

صدای گذشتن یک هواپیما در خانه می‌پیچد.

افراشته — اگه نیاورون می‌موندیم، همون خونه رو همچین عَلَم می‌کردن که بیا و ببین: «وای‌ووی، های‌هوی، دیدین فلانی هم توزرد از آب دراومد!... ملت ندارن سنگ روی سنگ بذارن، این بابا کاخی داره فلان‌جا که شاه هم نداشت!» اون‌وقت لابد می‌گن از کجا آورده؟... از کجا؟... توی این آشفته‌بازار هم خدا نکنه لنگت رو بدی دست حضرات کُنده‌کِش!... تازه چه خیال کردی خانوم؟ فکر می‌کنی با اومدن‌مون توی این قوطی‌کبریت دست از سرم برداشته‌ن؟ [روزنامه را باز می‌کند و صفحه‌ای را نشان می‌دهد.] بیا، بخون!... [خودش از روی روزنامه می‌خواند.] «شهردار مادلن[1]!»... به

[1]. مادلن (Madeleine)، شخصیتی در رمان بینوایان (ویکتور هوگو)؛ نامی که ژان والژان (Jean Valjean) برای خود برگزید و با همین نام شهردار شد.

من می‌گن،... «مادلن»!... [به خواندن ادامه می‌دهد.] «اگر این‌جا شمالی‌ترین شهرداری شهر موش‌ها باشد، این بی‌گمان شهردار مادلن است که هر روز صبح پنجره‌ی اتاقش را رو به قله‌های برفی و کوهپایه‌های دل‌انگیز البرز باز می‌کند و پیش‌ازآنکه قهوه‌ی تلخش را مزمزه کند، خداوند را برای این توفیق خدمت‌گزاری که نصیبش شده، شکر می‌گوید!»... می‌بینی چی می‌نویسن؟... حالا این‌جا رو ببین: [به خواندن ادامه می‌دهد.] «اما اگر این‌جا یکی از تنگ‌وتارترین کوچه‌های جنوب شهر باشد، این باز همان آقای شهردار است که هر شب راهش را از میان موش‌ها و آدم‌ها باز می‌کند تا به دری کوچک و رنگ‌ورورفته برسد؛ شهردار مادلن این‌جا زندگی می‌کند... ما کجا و این مردان خدا کجا!»... امضاء: «مجروحی از یک سنگر»!... می‌بینی؟ از یک سنگر!... انگار ما از کازینوهای لاس‌وگاس اومدیم. برای یه‌قرون‌دوزار هر لجنی رو به آدم می‌پاشن. مجروح!!!... باید دهن‌شون رو آب بکشن!... اون روزا که کرمای خاکی از یه فرسخیِ میدون مین درمی‌رفتن و ما برای رفتن روی مین از هم سبقت می‌گرفتیم، این حضراتِ دلواپسِ بیت‌المال کجا بودن؟!...

صدایی از تراس می‌آید. حرف افراشته قطع می‌شود و هراسان از جا می‌پرد.

افراشته   چی بود؟

اشرف شانه بالا می‌اندازد.

افراشته یوسف بود؟

اشرف [با نگاهی به اتاق کناری] یوسف توی اتاقش خوابه.

اشرف جارویی از آشپزخانه برداشته، به‌سوی تراس می‌رود و افراشته، پشت سر او.

اشرف درِ تراس را باز می‌کند و به بیرون سرک می‌کشد.

صدای یک گربه... و به دنبال آن صدای گذشتن یک هواپیما که شیشه‌های خانه را می‌لرزاند.

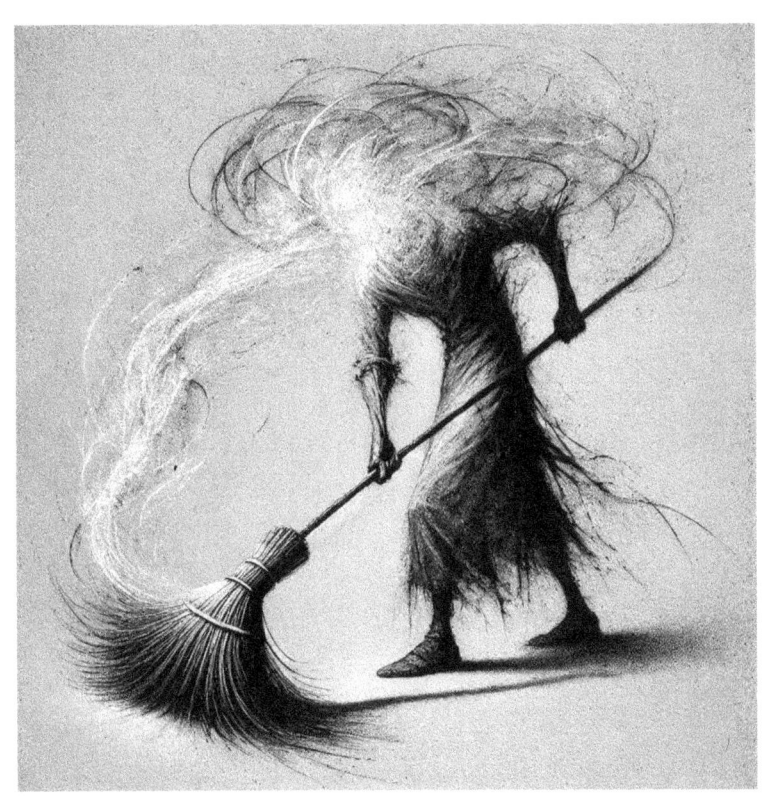

٤

سکوت می‌نوشد

٤

کوچه. صبح.
یوسف در تراس روی صندلی نشسته است و صندوقچه‌ی کوچکش را با دقت و ظرافت گردگیری می‌کند. جعفر، با دو بال سیاه بزرگ در کوچه می‌پرد و با جاروی بلندی که چندبرابر قدش است، کوچه را جارو می‌کند. جاروی جعفر پر است از تکه‌پارچه، قفل، نخ و آویزه‌های رنگارنگِ نذرونیاز و دخیل که به همه‌جای آن بسته شده‌اند.

جعفر	حالا این حافظ کیه؟ فامیل‌تونه؟
یوسف	فامیل؟!... نه بابا.
جعفر	آخه این چه‌جور طلبکاریه که نمی‌آد دنبال طلبش؟
یوسف	طلب کدومه جعفر؟ امانته. نمی‌بینی چارچشمی مراقبشم؟!
جعفر	ببینمش!

یوسف صندوقچه را پشت خود پنهان می‌کند.

جعفر	مگه می‌خوام بخورمش؟

یوسف صندوقچه را کمی پیش آورده، با احتیاط نشانش می‌دهد.

جعفر	یعنی اون چیزی که گفتی توی این صندوقچه‌ست؟
یوسف	آره دیگه.
جعفر	[خیره به صندوقچه] گرونه؟
یوسف	خیلی.
جعفر	بازاریه؟
یوسف	کی؟
جعفر	همین دوستت دیگه، صاحابش.

یوسف حافظ؟!... [می‌خندد.] نه بابا... کفتربازه. یه دسته پرنده رو توی یه چشم به هم زدن می‌کشونه پایین!

جعفر ما رو گرفتی؟!

یوسف نه جونِ جعفر... این‌کاره‌ست خب.

جعفر آخه یه کفترباز چیز به این گرونی رو از کجا آورده؟

یوسف خیالت از این آس‌وپاساست؟!

جعفر بالاخره نگفتی امانتی‌ش چیه؟

یوسف [صندوقچه را در لفافی مخملی می‌پیچد.] تو که نمی‌خوای اوقاتم رو تلخ کنی؟!

جعفر بگو دیگه، جونِ یوسف، آخه نقشه‌ی گنجه؟ چیه؟

یوسف گفتنی بود می‌گفتم.

جعفر جواهره یعنی؟

یوسف ای بابا، تو کار و زندگی نداری؟... همین‌جوری جارو می‌کنی که کوچه‌رو برگ برداشته دیگه!

جعفر [یک برگ از زمین برمی‌دارد و خیره به آن آه می‌کِشد.] هی، برگ، برگ، برگ!... یادمه یه‌بار فرستاده بودنم یه جایی طرفای نیاورون؛ یه کوچه‌ی سنگفرش سربالا وسط چنارای گردن‌کلفت که می‌رسید به یه عمارت درندشت. من روحم هم خبر نداشت اون‌جا خونه‌ی شهرداره، تا که یه ماشین سیاه از اون بزرگاش پیچید توی کوچه و یکی شبیه رئیس‌رؤسا ازش پیاده شد. پرسید: «چی‌کار می‌کنی عمو؟»، گفتم: «می‌بینی که، جارو می‌کنم.» یه تراول تانخورده چپوند توی جیبم و گفت: «دیگه نکن!»...

خودِ خودِ شهردار بود. دوست داشت وقتی راه می‌ره، برگا زیر پاش خش‌خش کنن.

هواپیمایی از آسمان می‌گذرد. جعفر سر بلند کرده، با نگاهش مسیر هواپیما را در آسمان دنبال می‌کند...

جعفر چشم از آسمان می‌گیرد و یوسف را می‌بیند که به انتهای کوچه چشم دوخته است.

جعفر [به یوسف] هی!... کجایی؟!

یوسف دیر نکرده جعفر؟... [نگران] دیگه باید پیداش می‌شد!

جعفر کی؟

یوسف نکنه وقتی با هم حرف می‌زدیم رد شده باشه!

جعفر بالاخره ما نفهمیدیم تو بپای دختر مردمی، داروغه‌ای؟!... باز اگه آبی ازت گرم می‌شد، یه چیزی!

یوسف [ذوق‌زده] داره می‌آد،... اومد جعفر!

جعفر چشمِ شما روشن!!

یوسف [شاد] چشم و دلت روشن!

میهن، نیمه‌عریان، درحالی‌که دو بال بزرگش را در دست گرفته، از میان نگاه‌های خیره‌ی یوسف و جعفر رد می‌شود و به‌سوی خانه‌اش می‌رود.

دنباله‌ی بال‌های میهن روی زمین کشیده می‌شوند و کوچه را غرقِ مه می‌کنند...

مه رفته‌رفته کنار می‌رود و یوسف و جعفر دوباره پدیدار می‌شوند: خشک‌شان زده و به درِ خانه‌ی میهن چشم دوخته‌اند.

جعفر [آب دهانش را فرومی‌برد.] فتبارک‌الله احسن‌الخالقین!...

یوسف [نفس عمیقی می‌کشد.] آخیش!...

یوسف، یوزف، جوزپه

جعفر [خیره به همان نقطه، با تکرارِ ناخودآگاهِ لحن یوسف] آخیش!... [ناگهان به خودش آمده، سر به‌سوی یوسف می‌چرخاند.] والله خوبیَت نداره،... صبح تا غروب این‌جا می‌شینی ناموس مردم رو ورانداز می‌کنی.

یوسف زبونت رو گاز بگیر، ورانداز کدومه؟!

جعفر نمی‌کنی؟... خاطرش رو می‌خوای مثل آدم پا پیش بذار. شکرِ خدا جوونی، سالمی... آخه این هم شد کار؟... یکی ببینه چی می‌گه؟!

یوسف [غمگین] کاش می‌تونستم جعفر... [آه می‌کشد.] کاش می‌شد.

جعفر چیه؟ مرض لاعلاج داری؟ رو به موتی؟

یوسف دست بردار بابا، تو چه می‌دونی توی دل من چی می‌گذره؟

جعفر من نمی‌دونم؟... [جارویش را نشان می‌دهد.] تو اصلاً می‌دونی اینی که دستمه چیه؟... هیچ می‌دونی چند نفر مثل تو رو سروسامون داده؟ [از زبانِ جارو می‌گوید:] اَنکَحتُ و زَوّجتُ مُوَکِّلتی میهن بِمُوَکِّلی یوسف عَلَی المَهرِالمعلوم... و تمااام!

یوسف [آه می‌کشد.] چی بگم جعفر!... [با اشاره به صندوقچه‌اش] این دست‌وپام رو بسته، تا نسپرمش به اونی که...

جعفر اونی که تو منتظرشی هیچ معلوم نیست کِی بیاد اما این دختر چی؟ سنگ که نیست، آدمیزاده. همین روزاست که بال درآره بپره بره. اون‌وقت چه خاکی توی سرت می‌کنی؟... همین الانش خواستگار داره!

یوسف	خواستگار؟!... کیه؟

جعفر	حالا هرکی... دختر با این وجنات بی‌خواستگار می‌شه مگه؟

یوسف	خواستگارش کیه جعفر؟

جعفر	آقازاده‌ست. ادکلن‌فروشی داره توی پاساژ. از وقتی دختره رو دیده روی پاش بند نیست.

یوسف غم‌زده در خود می‌رود.

جعفر	حالا نمی‌خواد قیافه‌ی فلک‌زده‌ها رو به خودت بگیری. هر کاری یه راهی داره. من می‌گم برو مثل بچه‌ی آدم پا پیش بذار. یه تیری می‌ندازی دیگه، بلکه‌م گرفت.

یوسف	بعدش چی؟

جعفر	بله رو که گرفتی، می‌ری سراغ اون یارو کفتربازه، پیداش می‌کنی، امانتی‌ش رو می‌دی، برمی‌گردی دست دختره رو می‌گیری می‌ری دنبال زندگیت.

باد تندی می‌وزد. رعدوبرق پنجره‌هایی که به تراس باز می‌شوند را می‌لرزاند.

صدای اشرف	یوسف، داداش!... سرده دیگه، بیا تو.

۵

و در پاهاش دو یوز خفته‌اند

۵

کوچه. شب.

باران می‌بارد.

یوسف روی تراس با رادیو ور می‌رود.

رادیو (موزیک) جینگ و جینگِ ساز می‌آد و از بالای شیراز می‌آد / شازده‌دوماد غم مخور که نومزدت با ناز می‌آد / یار مبارک بادا، ایشالا مبارک بادا...

پارازیت، خش‌خش و قطع شدن موزیک... یوسف رادیو را به گوش می‌چسباند.

یوسف **حافظ، حافظ، میهن!**

یوسف موج رادیو را عوض می‌کند.

رادیو (موزیک) لِبَیروت / مِن قَلبی سَلامٌ لِبَیروت / وَ قُبَلٌ لِلْبَحرِ وَ الْبیوت / لِصَخرَةٍ کأَنّها وَجهُ بحارٍ قدیمِ...

پارازیت و قطع شدن موزیک...

یوسف **حافظ، حافظ، میهن!**

یوسف به گوشه‌ی دیگری در تراس می‌رود و موج را عوض می‌کند.

[یک نمایش رادیویی:]

رادیو (گوینده) توی قسمت قبل شنیدیم که یوزف و همرزمش بالاخره خودشون رو رسوندن پشت اردوگاه آلمانی‌ها و همون‌جا منتظرِ رسیدنِ پارتیزان‌ها سنگر گرفته بودن که... این شما و این ادامه‌ی داستان:

یوسف، یوزف، جوزپه

رادیو (صداپیشگان)

- یوزف!... هی یوزف، اونجا رو!... انگار آلمانا یه بوهایی بردن.
- آره،... پس این پارتیزانای لعنتی کجان؟
- اون دیوار رو می‌بینی؟
- آره.
- باید بریم پشتش.
- چی؟
- می‌گم باید خودمون رو برسونیم پشتش،... فهمیدی؟
- آره آره.

یوسف   [با تکرار لحن یوزف در رادیو] آره آره.

یوسف جارو را برمی‌دارد و پشت نرده‌ی تراس کمین می‌کند.
افراشته به تراس می‌آید؛ پشت سر یوسف می‌ایستد و متعجب نگاهش می‌کند.

یوسف   پس این پارتیزانای لعنتی کجان؟

یوسف ناگهان برمی‌گردد؛ افراشته را پشت سر خود می‌بیند و جارو را که در دستش اسلحه شده، به‌سوی او نشانه می‌گیرد. افراشته، هراسان، دستش را روی سر می‌گذارد و همان‌جا می‌نشیند.

یوسف   [تهدیدآمیز، به افراشته] Handen omhoog! Niet bewegen![2]

افراشته   [با ترس و تعجّب] یوسف!

---

[2]. دست‌ها بالا! بی‌حرکت!

یوسف [سیلی محکمی حواله‌اش می‌کند.] «یوزف»... «یوزف»، نازیِ کثیف! اون یوسف رو لولو برد.

افراشته یوسف جان، من‌ام!

یوسف [سیلی دوم را محکم‌تر می‌زند.] گفتم «یوزف»!

افراشته باشه، «یوزف»، یوزف جان آبجی‌ت آش‌رشته درست کرده‌ها،... آش‌رشته!

یوسف آبجی‌م؟! [بلند می‌خندد.]... آش‌رشته؟!! [قهقهه می‌زند.]

افراشته هم گیج و مردد می‌خندد و تلاش می‌کند از فرصت استفاده کرده، بلند شود.

یوسف [چهره‌اش ناگهان از خنده به اخمِ خشم‌آلودی برمی‌گردد، با فریادی تحکم‌آمیز] زهرمار!... نیشت رو ببند،... بتمرگ!

افراشته، وحشت‌زده، اطاعت می‌کند.

یوسف آش‌رشته؟!... آبجی‌م؟!... آبجی‌م رو همین گشتاپو بیوه کرد، همین توی فاشیست!... [با لحن ناسزاگونه] مرتیکه‌ی گیزلر![3] هیملر![4] بولندر![5] [افراشته را با لگد به سویی دیگر پرت می‌کند.] زانو بزن جونور!... [پای خود را روی صورت افراشته می‌گذارد.] بلیسش!... جون بکن!

صدای اشرف [از داخل خانه] افراشته، داداش!... پس چرا نمی‌آین تو؟!... سرد می‌شه از دهن می‌افته‌ها!

یوسف با شنیدن صدای اشرف پا پس می‌کشد. جارو را رها می‌کند و کنج تراس کز کرده، در خود فرومی‌رود.

---

[3]. پاول گیزلر(Paul Giesler)، آخرین وزیر کشور آلمان نازی

[4]. هاینریش هیملر (Heinrich Himmler)، فرمانده‌ی نیروهای اس‌اس

[5]. کورت بولندر (Kurt Bolender)، گروهبان اس‌اس که در اتاق‌های گاز کار می‌کرد و در کشتار یهودیان دست داشت.

٦

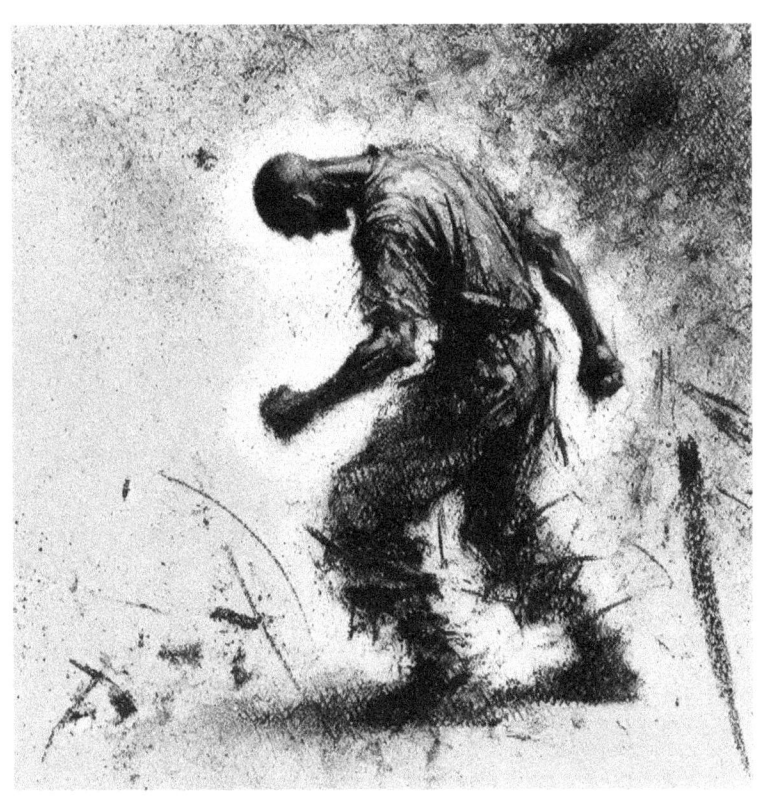

اسبِ سرش نمی‌دود

٦

کوچه. صبح.

یوسف در تراس روی صندلی نشسته و جعفر با همان جاروی بلند و عجیبش، بال‌زنان، در حال جارو کردن کوچه است.

جعفر باور نمی‌کنی،... شُرشُر ازش خون می‌رفت.

یوسف از جوزپه؟

جعفر نه پس، از منافذِ من!!... از جوزپه دیگه!... کشون‌کشون خودش رو رسوند درِ خونه‌ی دختره. کشیشه رو که اون‌جا دید، بی‌هوش شد. حق داره دیگه؛ آخه تو کشیشی مثلاً، لخت‌وعور خونه‌ی دختر مردم چه غلطی می‌کنی اون وقت شب؟

یوسف همون دختر موبوره؟

جعفر آره دیگه، همون!... کشیشه تا دید اوضاع ناجوره فلنگ رو بست. رفتنِ کشیشه همانا و سررسیدنِ سربازا همانا. آقا اومدن، ریختن توی خونه، همه‌جای خونه رو گشتن، از مستراح تا پشت‌بوم،... حالا نگو دختره این جوزپه رو کرده بودش توی یخچال ما نمی‌دونستیم!

یوسف [با اندوه] یعنی پیداش کردن؟... گرفتنش؟!

جعفر نه بابا، اونا که دست از پا درازتر رفتن، اما چه فایده؟ پسره همه‌جاش یخ زده بود!... حالا نمی‌دونم یخچال‌شون فریزر بود، چی بود!

یوسف — خب بعدش؟

جعفر — یخای پسره که آب شد، نشستن زل زدن توی چشم هم. هی این به اون نگاه کرد، اون به این، هی اون به این، این به اون... تا این‌که پسره یه چیزی از اون‌جاش درآورد داد به دختره!... نمی‌دونم گُل بود، چی بود!... همین‌جاها بود که دیگه [خمیازه‌ی کشداری می‌کشد.] خوابم برد.

یوسف — [پکَر] ای بابا!

جعفر — نه، نه، زود بیدار شدم. اما باور نمی‌کنی، باور نمی‌کنی چی دیدم!... دختره جوزپه رو مثل آب خوردن لو داد.

یوسف — [یکه می‌خورد.] نه!... [ناباورانه] یعنی همون دختر موبوره...؟!

جعفر پوزخندزنان تأیید می‌کند.

یوسف — چرا آخه؟!

جعفر — من هم همین رو گفتم. آخه دختر، اگه می‌خواستی بکُشنش، چرا نجاتش دادی، اگه نجاتش دادی، این چه کاری بود باهاش کردی؟!

یوسف — [مضطرب] کشتنش؟

جعفر — نه هنوز. جوزپه یه تُف اندازه‌ی کله‌ی تو انداخت تو روح دختره و پا گذاشت به فرار. اما کجا؟ کجا می‌خوای بری؟ این‌ور آدم، اون‌ور آدم، جلو آدم، عقب آدم!... خلاصه محاصره شد. محاصره که شد، خودش رو پرت کرد پشت اون ماشین گندهه. حالا چند تا فشنگ داری؟ دَه تا!...

شروع کرد به تیراندازی. آخه بدبخت، بیچاره، خاک توی اون سرت کنن، نزن، تیرت تموم می‌شه!... هی این بزن، اونا بزن، اونا بزن، این بزن، فشنگش هم تموم شد... یه‌خورده ساکت که شد، یکی از اونا یه نارنجی درآورد.

یوسف: نارنجی؟!

جعفر: ضامنش رو کشید، پرت کرد سمت جوزپه؛ غافل از اینکه دارودسته‌ی جوزپه دارن از پشت سرشون نازل می‌شن!

یوسف: [ذوق‌زده] پس بالاخره رسیدن!... [داد می‌زند.] رسیدن، کمکی‌ها رسیدن!

جعفر: آره رسیدن، اما چه فایده!... دیگه جوزپه‌ای نمونده بود. اون تیکه‌ها رو به هم می‌چسبوندن یه نصفه‌جوزپه هم نمی‌شد!

یوسف: یعنی مُرد؟!

جعفر: نه، به دنیا اومد!... خب مُرد دیگه!

یوسف: [با بغض] دوستش چی؟... اون کشیشه؟!

جعفر: کشیشه؟ اون دوستش بود؟! تمام مدت یه گوشه وایستاده بود نگاه می‌کرد، تا دید طرف مُرده، اومد بالاسرش گفت:

In nomine Patris et Filii et Spiritus Sancti, Amen!

یوسف: یعنی چی؟

جعفر: یعنی همون [صلیب می‌کشد.] «پدر، پسر، روح‌القدس» دیگه، یعنی خدا بیامرزه، آدم خوبی بود!

یوسف، یوزف، جوزپه

هواپیمایی از آسمان می‌گذرد. جعفر سر بلند کرده، با نگاهش مسیر هواپیما را در آسمان دنبال می‌کند...

جعفر چشم از آسمان می‌گیرد و یوسف را می‌بیند که می‌لرزد.

جعفر   یوسف!... [نگرانِ حالِ یوسف] یوسف تو رو جون مادرت شروع نکن،... یوسف اینا همه‌ش توی اون فیلمه بود!

یوسف که انگار چیزی نمی‌بیند و نمی‌شنود، به‌شدت می‌لرزد. جعفر، دست‌پاچه، عقب‌عقب رفته، از تراس فاصله می‌گیرد. لرزش شدید اندام یوسف به یک تشنجِ تمام‌عیار تبدیل می‌شود؛ هیاهوی درونش در قالب اصواتی گنگ و هیولاوار در کوچه می‌پیچید و همزمان با دودی غلیظ کوچه را پر می‌کند.

جعفر، هراسان، دور و دورتر شده، ناپدید می‌شود.

اشرف که سراسیمه به تراس آمده، یوسف را پیچ‌و‌تاب‌خوران و با دهانی کف‌آلود، افتاده بر تراس می‌بیند و وحشت‌زده به‌سویش می‌دود.

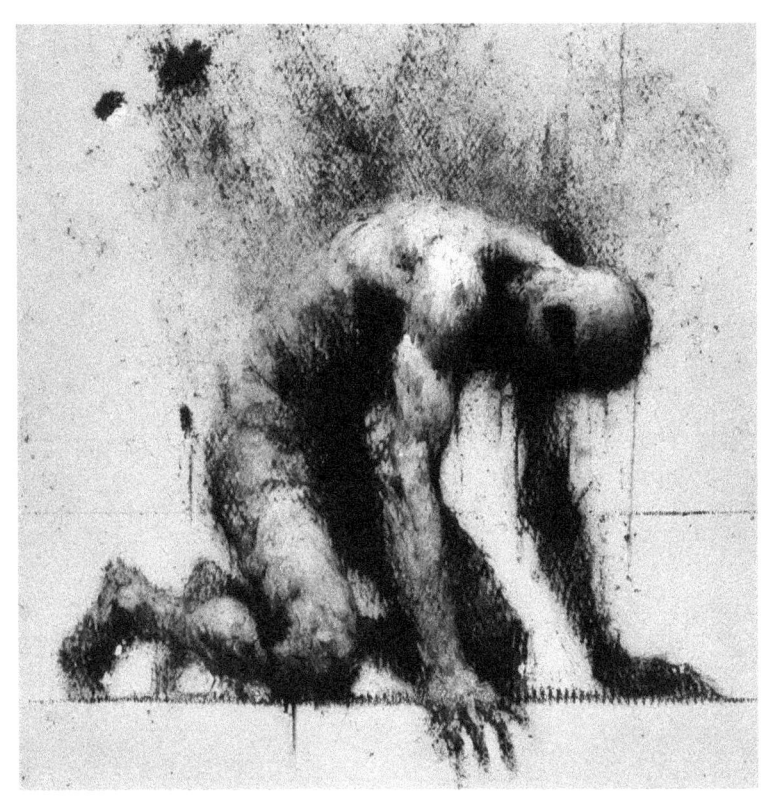

۷

و در ستون فقراتش چلچله عریان است

۷

خانه. شب.

اشرف روی کاناپه نشسته است و افراشته، عصبی، این‌سو و آن‌سو دنبال چیزی می‌گردد.

اشرف: همین‌که توی این چاپارخونه هنوز خودِ ما رو ندزدیده‌ن خیلی حرفه!

افراشته: [با خشم و کنایه] آره، خونه که نیست. جِن داره. ارواح خبیث توش وول می‌خورن!... فقط مونده‌م از وقتی اومدیم این‌جا چند نفر درِ این کلبه‌ی اشباح رو زده‌ن که به‌ش می‌گی چاپارخونه؟!

اشرف: وقتایی که می‌فرستی‌م دنبال نخودسیاه و حضراتِ هم‌پالکی‌هات رو دعوت می‌کنی به صرف عصرانه و جلسه‌های محرمانه، از بوهایی که خونه‌زندگی‌م رو برمی‌داره معلومه چقدر راست می‌گی!... تقصیر خودمه. تقصیر منه که خر شدم اومدم توی این خراب‌شده. اگه همون خونه‌باغ نیاورون رو دودستی چسبیده بودم و توی اون بگیروببندا لی‌لی به لالات نمی‌ذاشتم، الآن این‌قدر از قدر و قیمت نمی‌افتادم که کلفت بارم کنی.

افراشته: من کلفت بارت کردم؟!... این تویی که هر چیزی رو روزی صدبار چماق می‌کنی، می‌کوبی توی سر آدم.... این خونه هم که شده شمشیر داموکلس، چپ می‌رم، راست می‌آم، می‌خوره توی سرم!

اشرف چه فایده وقتی سرت رو می‌دزدی!... حالا چرا لقمه رو دور سرت می‌چرخونی؟ حرفت رو بزن!

افراشته حرفم؟!... من غلط بکنم حضرت اشرف!... اصلاً من چه حقی دارم توی این خونه حرف بزنم؟... گم شده که گم شده، فدای سر یوسف جان. یه کُلت که ارزش این حرفا رو نداره عزیزم. می‌گم یه بزرگترش رو برام بیارن. اصلن به‌جاش یه مسلسل می‌خرم، بهتر هم هست!...

اشرف داداش من نه دزده، نه هفت‌تیرکش. شکرِ خدا چشمِ دلش هم سیره از این اسباب‌بازیا... اما من اگه جای تو بودم، این حرفا رو می‌ذاشتم در کوزه، می‌رفتم به یکی از اون دوستای دُم‌کلفتم می‌سپردم فی‌الفور ختمش کنه این قائله رو. برادرزنمه که باشه!... شوخی که نیست، اسلحه‌ست!... می‌دادم اون‌قدر بزنن توی سرش تا مقر بیاد؛... «تساهل» و «تسامح» و «مدارا» هم که مال همون چند ماه پیش بود و آروغای دوی خردادی و بیست میلیون رأی بی‌زبون، که اگه برای ملت آب نداشت، واسه بعضیا خوب نون کرد!

افراشته [چشم در چشمِ اشرف] خوب گوشات رو واکن ببین چی می‌گم. اگه تا الان مراعاتش رو کردم، فقط به‌خاطر یه نسبتِ نخ‌نما بود و چندتا خاطره‌ی سوخته، اما دیگه نه! این بازی داره خطرناک می‌شه. اگه تا فردا اون کُلت توی کشوی میزم بود که هیچ، اگه نه...

اشرف	[گامی به پیش] اگه نه چی؟... لختش می‌کنی زیر و بالاش رو می‌گردی؟

اشرف که دستانش می‌لرزند، جلوتر رفته، افراشته عقب می‌رود.

اشرف	می‌دی آویزونش کنن؟

پای افراشته می‌لغزد و تعادلش را از دست می‌دهد.

اشرف	[خشمگین] چی‌کارش می‌کنی؟
افراشته	[ترسان] تو دیوونه شدی!
اشرف	دیوونگیم مونده!... [لرزش دستان اشرف با لرزش صدایش همراه می‌شود.... بی‌رمق] مونده تا دیوونگیم!... [نفسش می‌گیرد و نمی‌تواند سرپا بایستد.] خیلی... مونده!...

افراشته، نگران به‌سویش می‌رود و اشرف او را پس می‌زند.

اشرف	دست به‌م نزن!

افراشته از او فاصله می‌گیرد.

اشرف	یادمه بار اولی که خواهرت رو فرستاده بودی خونه‌مون، یوسف هم بود. دو روزی می‌شد اومده بود و فرداش باید برمی‌گشت اهواز. خواهرت که خواست حرفِ تو و خواستگاری رو پیش بکشه و مثلاً آشنایی بده، گفت: «هم‌سنگرِ برادرتون بوده تو سوسنگرد.» یوسف سرش پایین بود. هیچی نگفت. خواهرت که رفت، مامان از یوسف پرسید: «چه‌قدر می‌شناسی‌ش مادر؟» یوسف گفت: «راست می‌گه خواهرش، هم‌سنگرم بود تو سوسنگرد» مامان گفت: «چه‌جور آدمیه خب؟» یوسف گفت: «همین‌قدر می‌دونم که هم‌سنگرم بود تو سوسنگرد.»!...

۸

نبضش نمی‌زند

۸

کوچه. سپیده‌دمی مه‌آلود.

یوسف با کت‌وشلوار و پیراهن سفید و کراواتی قرمز، گلدان به‌دست، لبه‌ی تراس ایستاده است.

جعفر، سوار دسته‌ی جارویش و با دفتری بزرگ در دست، بال‌زنان به کوچه می‌آید.

جعفر — شاهد؟... دیگه چی؟!... خدا به این بزرگی بالاسرته!

یوسف — اون که بعله، اما مگه بدون شاهد هم می‌شه؟

جعفر — می‌شه، خوب هم می‌شه. اصلاً من عاقدم یا تو؟... راستش خودِ عاقد هم زیادیه. زن و مرد خودشون هم می‌تونن بخونن خطبه رو. حالا چه نقلِ «زَوَجتُکَ نَفسی عَلی الصّداقِ المَعلوم» باشه، چه «زَوَجتُکَ نَفسی فِی المُدّتِ المَعلوم عَلی المَهرِ المَعلوم».

یوسف — فرق‌شون چیه این دوتا؟

جعفر — به حالِ تو فرقی نداره، هرکی هرچی به‌ت گفت، تو بگو «قَبِلتُ».

یوسف — [مِن‌مِن‌کنان] ببین... راستش...

جعفر — [کلافه] دیگه چیه؟

یوسف — می‌گم آخه... این‌طوری... یعنی توی کوچه...

جعفر — اصلاً روایت داریم توی کوچه‌خیابون ثوابش بیشتره. فضای باز، هوای آزاد، یه بادی هم می‌خوره به کله‌ی عروس و داماد.

یوسف [رادیو را روشن می‌کند،... غرق در خیالی خوش] **یعنی می‌شه جعفر؟...**

رادیو (موزیک) جینگ و جینگِ ساز می‌آد و از بالای شیراز می‌آد / شازده‌دوماد غم مخور که نومزدت با ناز می‌آد / یار مبارک بادا، ایشالا مبارک بادا...

میهن، بال‌زنان و رقصان به کوچه می‌آید.

جعفر دفتر بزرگ را باز می‌کند و میهن چرخی می‌زند.

هواپیمایی از آسمان می‌گذرد.

پارازیت، خش‌خش شدید و قطع شدن موزیک رادیو... یوسف رادیو را به گوش می‌چسباند.

یوسف حافظ، حافظ، میهن!... زَوَّجتُکَ نَفسی فِی المُدّتِ المَعلوم عَلی المَهرِ المَعلوم!

صدای رد شدن یک هواپیمای مسافربری به صدای گوش‌خراش یک جتِ جنگی تبدیل می‌شود.

جعفر سراسیمه دفتر بزرگ را می‌بندد و یوسف سرش را می‌دزدد.

یوسف [نگران] زَوَّجتُکَ نَفسی فِی المُدّتِ المَعلوم عَلی المَهرِ المَعلوم!

صدای شلیک ضدهوایی‌ها، سوت کشدار یک خمپاره و طنین انفجار...

یوسف به سویی پرت می‌شود.

یوسف [هراسان، بلندتر] زَوَّجتُکَ نَفسی فِی المُدّتِ المَعلوم عَلی المَهرِ المَعلوم!... جواب بده لعنتی!

رادیو شنیدم میهن جان،... قَبِلتُ، قَبِلتُ، قَبِلتُ!

صداهای مهیب ناگهان محو می‌شوند و جای خود را به پخش همان آهنگ از رادیو می‌دهند.

میهن چرخی می‌زند و جعفر دفتر بزرگ را باز می‌کند.

جعفر اَلحَمْدُلِلّه الْمَحْمُودِ بِنِعْمَتِه، اَلْمَعْبُودِ بِقُدْرَتِه، اَلْمُطاعِ فِی سُلْطانِه،...

دوشیزه‌ی محترمه‌ی مکرمه، میهن‌بانو، فرزندِ ارضِ دایر!... آیا به بنده وکالت می‌دهید شما را به صداق و مهریه‌ی یک قمقمه‌ی خالی و یک خشابِ پُر، به عقد زوجیت دائمِ یوسفِ بی‌سیم‌چی درآورم؟

صدای تیراندازی...

رادیو — عروس رفته خط!...

جعفر — اَلْمَرْهُوْبِ مِنْ عَذابه، اَلْمَرْغُوب اِلَیْه فِیْما عِنْدَهُ، اَلنّافِذ اَمْرُهُ فِی اَرْضِه وَ سَمائِه،... دوشیزه‌ی محترمه‌ی مکرمه، میهن‌بانو، فرزندِ ارضِ بایر!... برای بار دوم می‌پرسم آیا به بنده وکالت می‌دهید شما را به صداق و مهریه‌ی یک سیم‌چین و یک قبضه مینِ ضدنفر به عقد زوجیت دائمِ یوسفِ بی‌سیم‌چی درآورم؟

صدای انفجار...

رادیو — عروس رفته مین بچینه!...

جعفر — اَلّذی خَلَقَ الْخَلْقَ بِقُدْرَتِه وَ مَیَّزَهُمْ بِاَحْکامِه وَ اَعَزَّهُمْ بِدینِه،... دوشیزه‌ی محترمه‌ی مکرمه، میهن‌بانو، فرزندِ ارضِ موات!... برای بار سوم می‌پرسم آیا به بنده وکالت می‌دهید شما را به صداق و مهریه‌ی یک گلدان شمعدانی، به عقد زوجیت دائمِ یوسفِ بی‌سیم‌چی درآورم؟

میهن — با اجازه‌ی بزرگترا...

صدای کِل کشیدن و کف زدن‌ها در صدای پخشِ همان آهنگ از رادیو درمی‌آمیزد و جعفر دفتر بزرگ را می‌بندد.

یوسف گلدان شمعدانی را به میهن می‌دهد و میهن گُل را بوییده، گلدان را به سینه می‌چسباند.

زوزه‌ی باد...

باد شدت می‌گیرد و گلدان از دست میهن به زمین می‌افتد. باد چنان شدید می‌وزد که جعفر و میهن را با خود می‌برد.

یوسف مبهوت ایستاده و به گلدان افتاده بر زمین خیره مانده است.

صداهای مهیب تیراندازی و انفجار از میدان جنگ...

صدای جعفر — دوشیزه‌ی محترمه‌ی مکرمه، میهن‌بانو،...

صدای میهن — [با قهقهه] عروس رفته خط!

رادیو — حافظ صِدام رو داری؟... عروس رفته خط،... [بلندتر] عروس رفته خط!

صدای حافظ — [هراسان] خط؟!... خط واسه چی؟...

یوسف — [با پوزخند] رفته شناسایی، فرمانده!

صدای حافظ — پس تو چه‌کاره‌ای؟ اون بی‌سیمِ لعنتی رو واسه چی دادن دستت؟... نشستی این‌جا خنچه‌ی عقد رو بپای؟

دستِ نامرئی حافظ و سیلی محکمی بر صورت یوسف...

یوسف — [بر جای سیلی روی صورتش دست می‌کشد.] یکی طلبت فرمانده!

سیلی دوم محکم‌تر روی صورت یوسف می‌نشیند و او را به زمین می‌اندازد.

صدای حافظ — تهدید می‌کنی؟... حافظ رو تهدید می‌کنی؟!... بخوابونمت شکمت رو پُرِ سرب کنم؟

یوسف — [برمی‌خیزد.] بخوابون!... بزن!... مگه تابه‌حال هرچی زدی دم زدیم فرمانده؟!... بزن! [با فریاد] د بزن لامصب، چرا معطلی؟!... آره، عروس رفته خط، چندساله رفته خط، می‌دونی چرا؟ چون تو شوهرش رو زمین‌گیر کردی، رمقش رو گرفتی، دستش رو گذاشتی توی پوست گردو،... تو، تو،

همین تو که چپ و راست می‌خوابونی توی گوش آدم!... [نخستین دیدارش با حافظ را بازی می‌کند:]

- تو!... نه، نه،... تو!
- من قربان؟
- آره تو، اسمت چیه پسر؟
- یوسف، قربان!
- چند سالته؟
- اون‌قدی هست که طاقت لگدِ کِلاش[٦] رو بیاریم قربان!
- پرسیدم چند سالته؟
- بَرَم نگردونید قربان، به‌دردتون می‌خورم!

صدای حافظ [با خشم] یوسف!

یوسف خوش‌دست بودی، عاشق کفتربازی‌ت بودم!

صدای ویراژ یک جتِ جنگی...

یوسف پشت ضدهواییِ خیالی می‌پرد و در نقش فرمانده‌اش، حافظ، به جتِ جنگی شلیک می‌کند. صدای سقوط جنگنده و... انفجار.

یوسف [از نقش فرمانده بیرون آمده، کنارش سنگر می‌گیرد.]... زدینش قربان!... افتاد!... [ناباورانه کف می‌زند،... ذوق‌زده] افتاد!

صدای حافظ [خشمگین‌تر] یوسف!

یوسف یوسف بی‌یوسف!... هزاربار تو داد زدی ما شنیدیم، این یه‌بار رو تو گوش کن فرمانده!... اگه تا فردا اومدی و ما رو از شر این نونی که گذاشتی تو دامن‌مون خلاص کردی که هیچ، اگه نه [پایش

---

٦. کلاشنیکوف (Kalashnikov)، اسلحه‌ای روسی که در ایران «کلاشینکُف» و به اختصار «کِلاش» گفته می‌شود.

می‌لغزد،... لرزان، صندوقچه‌اش را برمی‌دارد.] این‌جاست. پیشمه. پیشم بوده. از همون شب تا الان... [صندوقچه را از لای لفاف مخملی بیرون می‌آورد.] از همون شبِ بدِ گم شدنت توی بادای «بُستان»[۷]، همون شبِ بدِ جاموندنت توی معبرِ «خفاجیه[۸]»... [درِ صندوقچه را باز می‌کند و مشتی خاک از داخل آن بیرون می‌آورد.] می‌بینی؟!... دسته مرد، دستت!... همونی که اون شب از مچ کنده شد و پرت شد روی سینه‌ی من، [مشتش را کمی باز می‌کند و خاک از لای انگشتانش به داخل صندوقچه می‌ریزد.] با همون انگشتای بلند و باریک!... دیگه نه پوستی ازش مونده، نه استخونی. تموم شده. خاک شده. زورم به‌ش نمی‌رسه، سنگینه!... [با درماندگی] تو رو به هرچی می‌پرستی بیا، [بلند] بیا پسش بگیر!...

باد دوباره وزیدن می‌گیرد و خاک از دست یوسف به هوا برمی‌خیزد.

یوسف، هراسان، درِ صندوقچه را می‌بندد و آن را به سینه می‌چسباند.

---

۷. شهری در استان خوزستان

۸. نام پیشین سوسنگرد، شهر دیگری در استان خوزستان

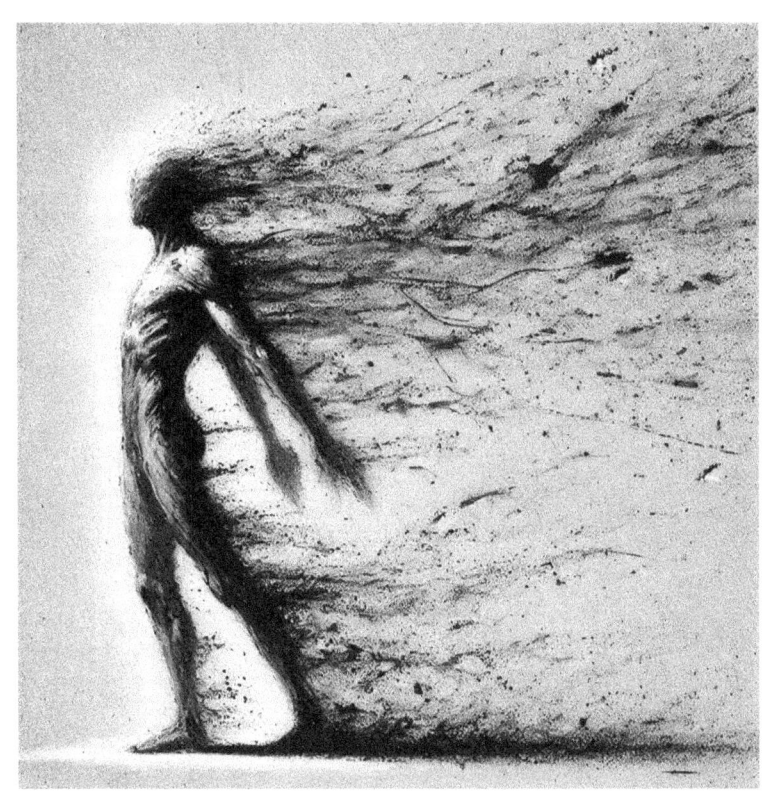

۹

و دست‌هاش دو باغِ شعله‌ورند

۹

کوچه. شب.
یوسف روی تراس سنگر گرفته و با اسلحه‌ی دوربین‌دار خیالی‌اش (جارو)، انتهای کوچه را نشانه گرفته است.
رادیو روی صندلی است.

رادیو	[درگوشی] هی، جوزپه!
یوسف	[آهسته] ها؟
رادیو	می‌تونی ببینیش؟
یوسف	آره.
رادیو	چه ریختیه؟... ریشش بلنده؟
یوسف	[کلافه] ریش و پشمش رو دیگه نمی‌تونم از این‌جا اندازه بگیرم!
رادیو	زوم کن جوزپه، مهمه،... زوم کن توی ریشش!
یوسف	[دوربین اسلحه (جارو) را زوم می‌کند.] آره، بلنده. یه ریش جوگندمی معطر.
رادیو	تو بوش رو از کجا فهمیدی؟
یوسف	جعفر گفت ادکلن‌فروشی داره توی پاساژ. بالاخره یه‌چیکه عطر که به خودش می‌زنه برای خواستگاری!
رادیو	ولش کن این حرفا رو، خودشه. بزن تمومش کن!
یوسف	بذار بیاد جلوتر،... می‌خوام گلوله رو بکارم وسط ابروهاش.
رادیو	وقت این آرتیست‌بازیا رو نداریم، تمومش کن!
یوسف	[گلنگدن می‌کشد.] نگفتی اسمش چیه!

رادیو | اسمش رو می‌خوای چی‌کار؟... مهم اینه که یه ادکلنیستِ مزدوره!

یوسف | [سر اسلحه (جارو) را پایین می‌آورد و به رادیو نگاه می‌کند.] بالاخره ما باید بدونیم کیه که داریم ترورش می‌کنیم؟

رادیو | ترور کدومه؟!... اعدامِ انقلابی.

یوسف | حالا هرچی،... من تا ندونم طرف کیه، ماشه رو نمی‌چکونم.

رادیو | تو چه مرگت شده جوزپه؟ مگه توجیه نشدی؟!

یوسف | به من فقط گفتن یارو خواستگار میهنه.

رادیو | کافی نیست؟

یوسف | خب اسمش رو که دیگه حق دارم بدونم!

رادیو | حق؟!... تو کی هستی که از حق حرف می‌زنی؟ حق رو خلق تعیین می‌کنه، نه من و تو!

یوسف | [اسلحه (جارو) را کنار می‌گذارد.] ما نیستیم داداش!... بگین «خلق» خودش بیاد زحمتش رو بکشه!

رادیو | چرا پرت‌وپلا می‌گی؟!... خلق که اسم یه آدم نیست بگیم بیاد شلیک کنه، خلق همین من و توییم دیگه!

یوسف | جدی؟!... چه‌طور وقت شلیک کردن که می‌شه خلق همین من و توییم، اما پای حق و حقوق که وسط می‌آد، حق رو خلق تعیین می‌کنه؟!... من کاری به این حرفا ندارم، یا اسم‌ورسم یارو رو بهم می‌گین، یا شلیک بی‌شلیک!

رادیو | همین‌قدر می‌دونم که مزدوره!

یوسف همین؟!...

رادیو باور کن من هم بیشتر از این نمی‌دونم.

یوسف تو مافوقِ منی مثلاً، باید بیشتر بدونی.

رادیو چرا نمی‌خوای بفهمی، هرچی کمتر بدونی برات بهتره.

یوسف این‌جوریه؟!... اصلاً دور ما رو خط بکش داداش، این قضیه بوداره.

رادیو بودار کدومه؟!... کجاش بوداره؟

یوسف گفتی یارو مزدوره؟

رادیو آره.

یوسف خواستگار میهن هم هست؟

رادیو آره دیگه.

یوسف خب من دقیقاً واسه‌چی باید بکُشمش: چون مزدوره، یا چون خواستگار میهنه؟!

رادیو احسنت، این شد یه چیزی. تازه داری می‌آی توی خط... مگه تو میهن رو نمی‌خوای؟

یوسف خب؟!

رادیو مگه میهن یکی از همین خلقای ستمکش نیست؟

یوسف هست!

رادیو مگه نه اینکه خواستگار میهن، مزدوره؟!

یوسف خب؟!

رادیو خب تحلیلش خیلی ساده‌ست: تو برای رسیدن به میهن که یکی از خلقای ستمکشه، می‌خوای خواستگار گردن‌کلفتی رو که یه ادکلنیستِ مزدوره، از سر راه برداری!...

در واقع خلق قهرمان امروز این فرصت رو به تو داده که با یه تیر دو نشون رو بزنی.

یوسف در فکر فرومی‌رود.

رادیو جوزپه!

یوسف ها؟

رادیو کجایی؟!

یوسف [گیج] همین‌جا.

صدای یک سوت رمزی شنیده می‌شود.

رادیو علامت دادن،... داره نزدیک می‌شه.

یوسف کی؟

رادیو طرف دیگه،... بجنب!

یوسف، مردد، اسلحه (جارو) را برمی‌دارد.

رادیو دست‌دست نکن، نباید بذاری خیلی نزدیک بشه.

یوسف انتهای کوچه را نشانه می‌گیرد.

رادیو بزن!

نوری کبود از انتهای کوچه وارد می‌شود و آهسته پیش می‌آید.

رادیو چی‌کار می‌کنی لعنتی؟!... داره می‌رسه، تمومش کن!

یوسف، مصمم، قنداق اسلحه (جارو) را به کتف می‌فشارد و کبودی را نشانه می‌گیرد.

رادیو به نام خلق قهرمان،... آتش!

دستان یوسف می‌لرزند.

رادیو ای لعنت به تو!

کبودی به درِ خانه‌ی میهن می‌رسد. در باز می‌شود.

کبودی وارد خانه شده، در بسته می‌شود.

موج رادیو پی‌درپی عوض می‌شود و روی صدای جعفر می‌ماند.

صدای جعفر — دوشیزه‌ی محترمه‌ی مکرّمه، برای بار آخر می‌پرسم: آیا به من وکالت می‌دهید شما را به صداق و مهریه‌ی یک میلیون و ششصد و چهل و هشت هزار و صد و نود و پنج کیلومتر مربع زمین موات، زمین بایر، زمین دایر، به عقد زوجیت دائمِ ادکلنیستِ مزدور، فرزند حافظ، درآورم؟

صدای میهن — با اجازه‌ی یوسف، یوزف، جوزپه... بعله!

صدای کِل کشیدن و کف زدن در نعره‌ی یوسف گم می‌شود.

اشرف سراسیمه به تراس می‌آید.

یوسف اسلحه‌ی خیالی (جارو) را کنار می‌اندازد؛ و اسلحه‌ای واقعی (یک کُلت) از زیر پیرهنش بیرون آورده، به‌سوی اشرف نشانه می‌گیرد.

اشرف هراسان عقب می‌رود.

رادیو — می‌تونی ببینیش؟ چه ریختیه؟

اشرف — [وحشت‌زده] داداش!

رادیو — خودشه، بزنش!

اشرف — [با گامی لرزان به یوسف نزدیک می‌شود.] یوسف!

رادیو — دست‌دست نکن، نباید بذاری هدف به‌ت نزدیک بشه، بزن!

یوسف مصمم پیشانی اشرف را نشانه می‌گیرد.

اشرف چشمانش را می‌بندد.

رادیو — مگه تو میهن رو نمی‌خوای؟ مگه میهن یکی از همین خلقای ستمکش نیست؟ مگه نه اینکه خواستگار میهن یه مزدوره؟!...

اشرف چشمانش را آهسته باز می‌کند.

اشرف — [سعی می‌کند وحشتش را پنهان کند.] آروم باش!

یوسف، یوزف، جوزپه

رادیو   تحلیلش خیلی ساده‌ست: تو برای رسیدن به میهن که یکی از خلقای ستمکشه، می‌خوای خواستگار گردن‌کلفتی رو که یه ادکلنیستِ مزدوره، از سر راه برداری!..

یوسف مصمم‌تر نشانه می‌گیرد.

اشرف   [خیره به یوسف، برای گرفتن کُلت دست دراز می‌کند.] بدهش من داداش!

یوسف کُلت را روی شقیقه‌ی خودش می‌گذارد.

رادیو   به نام خلق قهرمان،... آتش!

صدای شلیک با تاریکی مطلق همراه می‌شود.

رادیو (موزیک)   جینگ و جینگِ ساز می‌آد و از بالای شیراز می‌آد / شازده‌دوماد غم مخور که نومزدت با ناز می‌آد / یار مبارک بادا، ایشالا مبارک بادا...

پارازیت، خش‌خش و قطع شدن تدریجیِ آواز...
صداهایی لرزان در کوچه، آواز را پی می‌گیرند.
هم‌آوایی لرزان صداها کوچه را لبریز آواز می‌کند.

پایان

علی فومنی

درباره‌ی نویسنده

علی فومنی، شاعر، نویسنده و کارگردان تئاتر است. شعرها و داستان‌های کوتاه او در نشریات ادبی دهه‌ی هفتاد و هشتاد ایران به چاپ رسیدند و نخستین کتاب شعرش در سال ۱۳۹۲ توسط نشر نوگام در لندن منتشر شد. برخی از نمایش‌نامه‌های او توسط کارگردانان ایرانی اجرا شده‌اند اما هیچ‌یک از آثارش در ایران امکان انتشار نیافته‌اند. او تاکنون نمایش‌نامه‌هایی از خودش و نیز آثاری از آنتون چخوف، هارولد پینتر، تنسی ویلیامز و ساموئل بکت را در ایران، امارات، کانادا و امریکا به صحنه برده است. علی فومنی، در کنار نوشتن و کارگردانی، بیش از دو دهه در زمینه‌ی آموزش فعالیت داشته و علاوه‌بر طراحی آموزشی و آموزشگریِ ادبیات، علوم اجتماعی و هنرهای نمایشی، دَه‌ها دوره و کارگاه آموزشی را برای هنرجویان، دانشجویان و آموزشگران در ایران و کشورهای دیگر برگزار کرده است.

انتشارات آسمانا در سال ۱۴۰۲، نمایش‌نامه‌ی «درنای سیبری» را از همین نویسنده منتشر کرده است.

انتشارات آسمانا (تورنتو) منتشر کرده است:

پژوهش‌های علمی و دانشگاهی

- *Music on the Borderland: Remembering and Chronicling the 1979 Revolution's Shadow on Iranian Music*, by K. Emami, 2024.
- *Whispers of Oasis: Likoo's Poetic Mirage*, by M. Ganjavi, A. Fatemi and M. Alimouradi, 2024
- *زبان، انسان و جامعه: ادبیات و زبان‌های اقلیت در ایران.* ویرایش امیر کلان، مهدی گنجوی، آنیسا جعفری، و لاله جوانشیر، ۲۰۲۴
- *تنگلوشای هزار خیال: جستارهایی در ادب و فرهنگ*، رضا فرخفال، ۲۰۲۴
- *دلالت‌های تحلیل طبقاتی در سرمایه‌داری امپریالیستی*، محمد حاجی‌نیا و شهرزاد مجاب، ۲۰۲٤
- *شب سیاه و مرغان خاکسترنشین؛ شعر نیما در دهه‌ی دوم: ۱۳۲۱ ـ ۱۳۱۱*، ۲۰۲٤
- *حافظ و بازگویی*، تالیف رضا فرخفال، ۲۰۲٤
- *زنان کُرد در بطن تضاد تاریخی فمینیسم و ناسیونالیسم*، تالیف شهرزاد مجاب، ۲۰۲۳
- *شورش دهقانان مکریان ۱۳۳۲ ـ ۱۳۳۱ : اسناد کنسولگری، مکاتبات دیپلماتیک و گزارش روزنامه‌ها*، پژوهش امیر حسن‌پور، ۲۰۲۲

تصحیح انتقادی

- *تاریخ شانژمان‌های ایران*، تالیف میرزا آقاخان کرمانی (به کوشش م. رضایی تازیک)، ۲۰۲٤
- *رستم در قرن بیست‌ودوم* (تصحیح انتقادی و مصور)، تالیف عبدالحسین صنعتی‌زاده (ویرایش م. گنجوی و م. منصوری)، ۲۰۱۷

شعر

- *خمار صدشبه*، شعر از منصور نوربخش، ۲۰۲۵.
- دفتر *الحان*، شعر از امیر حکیمی، ۲۰۲٤.
- *با سایه‌هایم مرا آفریده‌ام*، شعر ازهادی ابراهیمی رودبارکی، ۲۰۲٤
- *شهروندان شهریور*، غزل از سعید رضادوست، ۲۰۲٤
- *آینه را بشکن*، شعر از نانائو ساکاکی، ترجمه مهدی گنجوی، ۲۰۲٤
- عجایب *یاد*، شعر از امیر حکیمی، ۲۰۲۳
- *کهکشان خاطره‌ای از غروب خورشید ندارد*، شعر از مهدی گنجوی، ۲۰۲۳
- *غریبه‌هایی که در من زندگی می‌کنند*، شعر از مهدی گنجوی، ۲۰۲۱
- *تبعیدی راکی*، شعر از علی فتح‌اللهی، ۲۰۱۸

داستان

- *An Iranian Odyssey,* a novel by Rana Soleimani, 2025.
- *مستیم و خرابیم و کسی شاهد ما نیست*، رمان از مهدی گنجوی، ۲۰۲۵.
- *اسباب* شر، رمان از جواد علوی، ۲۰۲۵.
- جلوی *خانه ما یکی مرده بود*، مجموعه داستان از اکبر فلاح‌زاده، ۲۰۲٤
- زینت، رمان از وحید ضرابی‌نسب، ۲۰۲٤
- *فیل‌ها به جلگه رسیدند*، رمان از کاوه اویسی، ۲۰۲٤
- *مقامات متن*، رمان از مرضیه ستوده، ۲۰۲٤
- *انتظار خواب از یک آدم نامعقول*، مجموعه داستان از مهدی گنجوی، ۲۰۲۰

نمایش‌نامه

- *درنای سیبری*، نمایش‌نامه از علی فومنی، ۲۰۲٤

برای ارتباط با نشر آسمانا:

asemanabooks.ca

Yousef, Joseph, Giuseppe

Ali Foumani

Asemana Books

2025

----------------------------------Asemana Books----------------------------